Sommaire

KHALIL GIBRAN

Le Sable et l'Écume

Le Sable et l'Écume

Je marche éternellement sur ces rivages,
Entre le sable et l'écume.
Le flux de la marée effacera l'empreinte de mes pas, et le vent emportera l'écume.
Mais la mer et le rivage demeureront
Éternellement.

Une fois, je remplis ma main de brume.

Quand je l'ouvris, la brume était une larve.

Je fermai et ouvris ma main à nouveau, et il y avait alors un oiseau.

Et je refermai et rouvris ma main, et dans son creux se trouvait un homme au visage triste, tourné vers le ciel.

Une fois encore je fermai ma main, et quand je l'ouvris il n'y avait rien que brume.

Mais j'entendis une chanson d'une douceur excessive.

Hier encore je pensais n'être qu'un fragment frémissant sans rythme dans la sphère de la vie.

À présent je sais que je suis la sphère, et la vie entière en fragments rythmiques se meut en moi.

Ils me disent dans leur éveil : « Toi et le monde dans lequel tu vis n'êtes qu'un grain de sable sur le rivage infini d'une mer infinie. »

Et dans mon rêve je leur réponds : « Je suis la mer infinie, et tous les mondes ne sont que des grains de sable sur mon rivage. »

Une seule fois je restai muet. Ce fut quand un homme me demanda : « Qui es-tu ? »

La première pensée de Dieu fut un ange.
Le premier mot de Dieu fut un homme.

Nous étions des créatures voletantes, errantes et désirantes des milliers d'années avant que la mer et le vent dans la forêt nous apprennent la parole.

À présent, comment pouvons-nous exprimer ce qui

en nous est immémorial avec les seuls bruits de notre passé ?

Le Sphinx ne parla qu'une seule fois et dit : « Un grain de sable est un désert, et un désert est un grain de sable ; à présent, taisons-nous à nouveau. »

J'entendis le Sphinx, mais ne le compris pas.

Une fois je vis le visage d'une femme, et j'aperçus tous ses enfants qui n'étaient pas encore nés.

Et une femme regarda mon visage, et elle y reconnut tous mes ancêtres, morts avant qu'elle ne soit née.

À présent je souhaite me réaliser. Mais comment y parviendrais-je, à moins de devenir une planète sur laquelle habitent des vies douées d'intelligence ?

N'est-ce pas là l'objectif de chacun ?

Une perle est un temple bâti par la douleur autour d'un grain de sable.

Quelle nostalgie bâtit nos corps et autour de quels grains ?

Quand Dieu me lança, comme un galet, dans ce lac merveilleux je troublai sa surface en cercles innombrables.

Mais quand j'atteignis les profondeurs, je devins très calme.

Donnez-moi le silence et j'affronterai la nuit.

Je connus une seconde naissance, quand mon âme et mon corps s'aimèrent et s'épousèrent.

Une fois je connus un homme dont les oreilles étaient excessivement fines, mais il était muet. Il avait perdu sa langue dans un combat.

Je sais maintenant quelles batailles livra cet homme avant que ne survienne le grand silence. Je suis heureux qu'il soit mort.

Le monde n'est pas assez grand pour nous deux.

Longtemps je restai couché dans la poussière d'Égypte, silencieux et insensible aux saisons.

Puis le soleil me donna naissance, et je me levai et marchai sur les berges du Nil,

Chantant le jour et rêvant la nuit.

Et maintenant le soleil me foule de ses mille pieds, me laissant couché à nouveau dans la poussière d'Égypte.

Admirez cette merveille et cette énigme !

Ce même soleil qui m'a rassemblé ne peut m'éparpiller.

Je suis encore debout et, le pied ferme, je longe les berges du Nil.

Le souvenir est une forme de rencontre.

L'oubli est une forme de liberté.

Nous mesurons le temps en nous fiant au mouvement d'innombrables soleils ; et ils mesurent le temps avec de petites machines enfouies dans leurs poches.

Dites-moi à présent comment pourrions-nous jamais nous rencontrer au même endroit et au même moment ?

L'espace n'est pas ce qui sépare la terre du soleil pour celui qui regarde en bas par les fenêtres de la Voie lactée.

L'humanité est une rivière de lumière coulant de la création vers l'éternité.

Les esprits qui demeurent dans l'éther n'envient-ils pas à l'homme sa douleur ?

En chemin vers la Cité sainte je rencontrai un autre pèlerin et je lui demandai : « Est-ce vraiment la route qui mène à la Cité sainte ? »

Il me répondit : « Suis-moi, et tu gagneras la Cité sainte au bout d'un jour et une nuit. »

Et je le suivis. Et nous marchâmes plusieurs jours et plusieurs nuits, sans jamais atteindre la Cité sainte.

Et à ma plus grande surprise, il s'emporta contre moi parce que je m'étais laissé induire en erreur.

Fais de moi, ô Seigneur, la proie du lion, avant de faire du lapin ma proie.

On ne peut atteindre l'aube, sinon par le sentier de la nuit.

Ma maison me dit : « Ne me quitte pas, car ici demeure ton passé. »

Et la route me dit : « Viens et suis moi, car je suis ton futur. »

Et je réponds à ma maison comme à la route : « Je n'ai ni passé ni futur. Si je reste ici, c'est comme si je partais bien que je demeure ; et si je vais là-bas, c'est comme si je restais bien que je parte. Seuls l'amour et la mort changent les choses. »

Comment puis-je perdre foi en la justice de la vie, quand les rêves de ceux qui dorment sur du duvet ne sont pas plus beaux que les rêves de ceux qui dorment à même le sol ?

Il est étrange que l'envie de certains plaisirs constitue une partie de ma souffrance.

Par sept fois j'ai méprisé mon âme :

La première fois quand je la vis se faire humble pour pouvoir s'élever.

La seconde fois quand je la vis claudiquer devant l'estropié.

La troisième fois quand elle dut choisir entre la difficulté et la facilité, et qu'elle choisit cette dernière.

La quatrième fois quand elle fit le mal, et qu'elle se consola en pensant que d'autres aussi faisaient le mal.

La cinquième fois quand elle s'abstint par faiblesse, et attribua sa patience à la force.

La sixième fois quand elle méprisa la laideur d'un visage, et ignorait que c'était l'un de ses propres masques.

Et la septième fois quand elle chanta une chanson de louange, qu'elle considéra comme une vertu.

J'ignore la vérité absolue. Mais je suis humble devant mon ignorance, et là résident mon honneur et ma récompense.

Il est un espace entre l'imagination de l'homme et ce qu'il réalise, qui ne peut être franchi que par son ardeur.

Le paradis est là, derrière la porte, dans la pièce à côté ; mais j'ai perdu la clef.

Peut-être l'ai-je seulement égarée.

Vous êtes aveugle et je suis sourd et muet, touchons-nous les mains et comprenons-nous.

La signification de l'homme n'est pas dans ce qu'il atteint, mais plutôt dans ce à quoi il aspire.

Certains d'entre nous sont comme l'encre et d'autres comme le papier.

N'était la noirceur des uns, certains d'entre nous seraient muets ;

Et n'était la blancheur des autres, certains d'entre nous seraient aveugles.

Prêtez-moi une oreille et je vous donnerai une voix.

Notre esprit est une éponge ; notre cœur est un ruisseau.

N'est-il pas étrange que la plupart d'entre nous choisissent d'absorber plutôt que de s'écouler ?

Quand vous implorez une grâce que vous ne pouvez nommer, et quand vous vous attristez sans en connaître la raison, alors vous grandissez vraiment avec tout ce qui grandit, et vous vous élevez vers votre moi suprême.

Quand on s'enivre d'une vision, on considère que la moindre esquisse en est le véritable vin.

Vous buvez un vin qui peut vous griser ; et je bois celui qui peut me dégriser de cet autre vin.

Quand ma coupe est vide, je me résigne à ce qu'elle le soit ; mais quand elle est à moitié pleine, j'en suis contrarié.

La réalité d'autrui n'est pas dans ce qu'il vous révèle, mais dans ce qu'il ne peut vous révéler.

Partant, si vous voulez le comprendre, n'écoutez pas ce qu'il vous dit mais plutôt ce qu'il ne vous dit pas.

La moitié de ce que je dis est dénué de sens ; mais je le dis afin que l'autre moitié vous atteigne.

Le sens de l'humour est sens de la mesure.

Mon sentiment de solitude naquit quand les hommes louèrent mes fautes disertes et blâmèrent mes vertus silencieuses.

Quand la vie ne trouve pas de chanteur pour chanter son cœur, elle produit un philosophe pour qu'il exprime son esprit.

Une vérité doit toujours être connue, elle doit parfois être formulée.

Le réel en nous est silencieux ; l'acquis est loquace.

La voix de la vie en moi ne peut atteindre l'oreille de la vie en toi ; mais parlons afin de ne pas nous sentir seuls.

Quand deux femmes parlent, elles ne disent rien ; quand une femme parle, elle révèle tout de sa vie.

Les grenouilles peuvent mugir plus fort que les taureaux, mais elles ne peuvent tirer la charrue dans le champ ni faire tourner la roue de la presse à vin, et avec leur peau nous ne pouvons pas faire de chaussures.

Seul le muet envie le bavard.

Si l'hiver disait : « Le printemps est en mon cœur », qui le croirait ?

Chaque graine est une aspiration.

Si vous ouvrez vraiment les yeux et regardez, vous apercevrez votre image dans toutes les images.

Et si vous ouvrez vos oreilles et écoutez, vous entendrez votre propre voix dans toutes les voix.

Il nous fallait être deux pour découvrir la vérité : un pour la formuler et un pour la comprendre.

Bien que le flot des mots nous submerge sans relâche, pour autant les profondeurs de notre être demeurent éternellement silencieuses.

Bien des doctrines sont comme une vitre. Nous voyons la vérité à travers, mais elle nous en sépare.

À présent, jouons à cache-cache. Si tu te cachais en mon cœur, il ne serait pas difficile de te trouver. Mais si tu te caches dans ta propre coquille, alors il sera inutile de te chercher.

Une femme peut voiler son visage d'un sourire.

Qu'il est noble le cœur triste qui peut chanter le chant joyeux avec des cœurs heureux.

Celui qui voudrait comprendre une femme, disséquer le génie ou résoudre le mystère du silence, serait cet homme qui se réveille après un beau rêve pour s'asseoir à la table du petit déjeuner.

Je veux marcher avec tous ceux qui marchent. Je ne veux pas rester immobile pour regarder passer la procession.

Tu dois davantage que de l'or à celui qui te sert. Donne-lui ton cœur ou sers-le.

Non, nous n'avons pas vécu en vain. N'ont-ils pas bâti des tours avec nos os ?

Ne soyons pas pointilleux et vétilleux. L'esprit du poète et le dard du scorpion s'élèvent, dans la gloire, de la même terre.

Chaque dragon donne naissance à un Saint Georges qui le pourfend.

Les arbres sont des poèmes que la terre écrit sur le ciel. Nous les faisons tomber et les changeons en papier, afin de pouvoir nous rappeler notre vacuité.

Si tu ressens le besoin d'écrire (seuls les saints savent pourquoi), tu dois absolument posséder le savoir, l'art et la magie – le savoir de la musique des mots, l'art d'être naturel, et la magie d'aimer tes lecteurs.

Ils trempent leurs plumes dans nos cœurs et croient qu'ils sont inspirés.

Si un arbre devait écrire son autobiographie, elle ne serait pas dissemblable de l'histoire d'une race.

Si je devais choisir entre le pouvoir d'écrire un poème et l'extase d'un poème non écrit, je choisirais l'extase. C'est une poésie meilleure.

Mais toi et tous mes voisins êtes d'accord pour dire que je fais le mauvais choix.

La poésie n'est pas une opinion qu'on exprime. C'est une chanson qui s'élève d'une blessure saignante ou d'une bouche souriante.

Les mots sont éternels. On se doit de les prononcer ou de les écrire convaincu de leur éternité.

Un poète est un roi détrôné assis parmi les cendres de son palais avec lesquelles il tente de façonner une image.

La poésie est faite de joie, de douleur, d'étonnement et d'un soupçon de dictionnaire.

C'est en vain qu'un poète cherchera la mère des chansons de son cœur.

Une fois je dis à un poète : « Nous ne connaîtrons pas ta valeur avant que tu ne sois mort. »

Et il me répondit en ces termes : « Oui, la mort est toujours le révélateur. Et si vraiment vous deviez connaître ma valeur, c'est que j'ai davantage en mon cœur que sur ma langue, et davantage dans mon ardeur que dans ma main. »

Si vous chantez la beauté bien que seul au cœur du désert, vous aurez un public.

La poésie est la sagesse qui enchante le cœur.
La sagesse est la poésie qui chante dans l'esprit.
Si nous pouvions tout à la fois enchanter le cœur de l'homme et chanter dans son esprit,
Alors en vérité il vivrait dans l'ombre de Dieu.

L'inspiration chantera toujours ; l'inspiration n'explique jamais.

Nous chantons souvent des berceuses à nos enfants, afin de nous-mêmes pouvoir dormir.

Tous nos mots ne sont que miettes qui tombent du festin de l'esprit.

La pensée est toujours la pierre d'achoppement de la poésie.

Le grand chantre est celui qui chante nos silences.

Comment pouvez-vous chanter si votre bouche est pleine de nourriture ?

Comment pouvez-vous bénir si votre main est pleine d'or ?

On dit que le rossignol se perce la poitrine avec une épine quand il chante son chant d'amour.

Il en est ainsi de nous. Comment chanterions-nous autrement ?

Le génie n'est que le chant d'un rossignol au début d'un long printemps.

Même l'esprit le plus ailé ne peut s'évader de la nécessité physique.

Un fou n'est pas moins musicien que vous ou moi ; seul l'instrument dont il joue est un peu désaccordé.

Le chant qui est silencieux dans le cœur de la mère chante sur les lèvres de son enfant.

Aucun désir ne demeure insatisfait.

Je n'ai jamais été totalement en accord avec mon autre moi. La vérité semble se trouver entre nous.

Votre autre moi a toujours pitié de vous. Mais votre autre moi se nourrit de ce chagrin : tout est bien.

Il n'y a pas de lutte entre l'âme et le corps, sauf dans l'esprit de ceux dont l'âme est assoupie et dont le corps est dissonant.

Quand vous atteindrez le cœur de la vie, vous trouverez la beauté de toutes choses, même dans les yeux qui sont aveugles à la beauté.

Nous ne vivons que pour découvrir la beauté. Tout le reste n'est qu'une forme d'attente.

Plantez une graine et la terre vous donnera une fleur. Élevez votre rêve jusqu'au ciel et il vous apportera votre bien-aimée.

Le diable est mort le jour même où vous êtes né.
À présent il ne vous faut plus traverser l'enfer pour rencontrer un ange.

Plus d'une femme emprunte le cœur d'un homme ; très peu le possèdent.

Si vous voulez posséder, vous ne devez pas réclamer.

Quand la main d'un homme touche la main d'une femme, elles touchent toutes deux le cœur de l'éternité.

L'amour est le voile entre l'amant et l'amante.

Chaque homme aime deux femmes ; l'une est la création de son imagination, et l'autre n'est pas encore née.

Les hommes qui ne pardonnent pas aux femmes leurs petites fautes n'apprécieront jamais leurs grandes vertus.

L'amour qui ne se renouvelle pas chaque jour devient une habitude et se change en esclavage.

Les amoureux embrassent ce qui est entre eux plutôt qu'ils ne s'embrassent mutuellement.

L'amour et le doute ne se parlent jamais.

L'amour est un mot de lumière, écrit par une main de lumière, sur une page de lumière.

L'amitié est toujours une douce responsabilité, jamais une opportunité.

Si vous ne comprenez pas votre ami en toutes circonstances, vous ne le comprendrez jamais.

Votre vêtement le plus éclatant est tissé par autrui ;

Votre repas le plus savoureux est celui que vous mangez à la table d'autrui ;

Votre lit le plus confortable se trouve dans la maison d'autrui.

À présent dites-moi, comment pouvez-vous vous séparer de lui ?

Votre esprit et mon cœur ne seront jamais d'accord tant que votre esprit ne cesse de vivre dans les nombres et mon cœur dans la brume.

Nous ne nous comprendrons jamais tant que nous n'aurons pas réduit le langage à sept mots.

Comment mon cœur serait-il décacheté à moins d'être brisé ?

Seule une grande douleur ou une grande joie peut révéler votre vérité.

Si vous voulez être révélé, vous devez soit danser nu au soleil, soit porter votre croix.

Si la nature devait prêter attention à ce que nous disons avec satisfaction, aucune rivière ne coulerait vers la mer, et aucun hiver ne se changerait en printemps. Si elle devait prêter attention à ce que nous disons avec parcimonie, combien parmi nous respireraient cet air ?

Vous ne voyez que votre ombre quand vous tournez le dos au soleil.

Vous êtes libres devant le soleil du jour, et libres devant les étoiles de la nuit ;

Et vous êtes libres quand il n'y a ni soleil, ni lune, ni étoiles.

Vous êtes libres même quand vous fermez les yeux sur tout ce qui est.

Mais vous êtes l'esclave de qui vous aimez parce que vous l'aimez.

Et un esclave de celui qui vous aime parce qu'il vous aime.

Nous sommes tous des mendiants à la porte d'un temple, et chacun d'entre nous reçoit sa part de la générosité du roi quand il entre dans le temple et quand il en sort.

Mais nous sommes tous jaloux les uns des autres, ce qui est une autre manière de déprécier le roi.

Vous ne pouvez pas manger plus qu'à votre faim. L'autre moitié du pain appartient à autrui, et il doit en rester un peu pour l'hôte de passage.

Si ce n'était pour les invités, toutes les maisons seraient des tombes.

Un loup gracieux dit à un simple mouton : « N'honoreras-tu pas notre maison de ta visite ? »

Et le mouton répondit : « Nous aurions été honorés de visiter ta maison si elle n'était pas dans ton estomac. »

J'arrêtai mon hôte sur le seuil et lui dis : « Non, n'essuie pas tes pieds quand tu entres, mais quand tu sors. »

La générosité n'est pas donner ce dont j'ai davantage besoin que vous, mais c'est me donner ce dont vous avez plus besoin que moi.

Vous êtes vraiment charitable quand vous donnez, et en donnant détournez le visage de sorte que vous ne puissiez voir la timidité de celui qui reçoit.

La différence entre l'homme le plus riche et le plus pauvre n'est qu'un jour de faim et une heure de soif.

Nous empruntons souvent à demain pour payer nos dettes à hier.

Moi aussi je suis visité par les anges et les démons, mais je m'en débarrasse.

Quand c'est un ange je récite une vieille prière, et il s'ennuie ;

Quand c'est un démon je commets un vieux péché, et il ne fait pas attention à moi.

Après tout ce n'est pas une mauvaise prison ; mais je n'aime pas ce mur entre ma cellule et celle du prisonnier d'à côté ;

Pourtant je vous assure que je n'entends rien reprocher au gardien ni au bâtisseur de la prison.

Ceux qui vous donnent un serpent quand vous demandez un poisson, peuvent n'avoir rien d'autre à vous donner que des serpents. C'est alors de la générosité de leur part.

La fourberie réussit parfois, mais elle mène toujours au suicide.

Vous être vraiment indulgent quand vous pardonnez à des meurtriers qui n'ont jamais répandu le sang, à des voleurs qui n'ont jamais volé, et à des menteurs qui n'ont jamais menti.

Celui qui ne peut mettre le doigt sur ce qui sépare le bien du mal est celui qui peut toucher le véritable ourlet de l'habit de Dieu.

Si votre cœur est un volcan, comment pouvez-vous attendre que des fleurs s'épanouissent dans vos mains ?

Quelle étrange forme d'apitoiement sur soi ! Il est des fois où l'on me fait du tort et on me trompe, où il m'arrive de rire aux dépens de ceux qui pensent que je ne sais pas que l'on m'a fait du tort et que l'on m'a trompé.

Que dirai-je du poursuiveur qui joue le rôle du poursuivi ?

Que celui qui essuie ses mains sales sur ton vêtement le prenne. Il peut en avoir besoin à nouveau ; mais toi sûrement pas.

Il est bien regrettable que les changeurs de monnaie ne puissent être de bons jardiniers.

S'il vous plaît, ne justifiez pas vos défauts innés par vos vertus acquises. Je préfère vos défauts ; ils sont pareils aux miens.

Combien de fois me suis-je attribué des crimes que je n'ai jamais commis, de sorte qu'autrui puisse se sentir à l'aise en ma présence.

Les masques de la vie eux-mêmes sont les masques d'un mystère plus profond.

Vous ne pouvez jugez autrui que selon ce que vous connaissez de lui.

Dites-moi à présent, qui parmi vous est coupable et qui est innocent ?

Le vrai juste est celui qui se sent à moitié coupable de vos méfaits.

Seuls un idiot et un génie brisent les lois établies par l'homme ; et ils sont le plus près du cœur de Dieu.

Ce n'est que quand on est poursuivi qu'on devient rapide.

Je n'ai pas d'ennemi, ô mon Dieu, mais si je devais avoir un ennemi
Que sa force soit égale à la mienne.
Afin que seule la vérité puisse être victorieuse.

Vous serez presque ami avec votre ennemi quand vous serez tous deux sur le point de mourir.

Peut-être qu'un homme peut se suicider par autodéfense.

Il y a longtemps vivait un homme qui fut crucifié pour avoir trop aimé et été trop bon.

Et aussi étrange que cela puisse paraître, je l'ai rencontré trois fois hier.

La première fois, Il demandait à un policier de ne pas embarquer une prostituée en prison ; la deuxième fois, Il buvait du vin avec un proscrit ; et la troisième fois, Il se battait aux poings avec un promoteur à l'intérieur d'une église.

Si tous ce qu'ils disent du bien et du mal était vrai, alors ma vie ne serait qu'un long crime.

La pitié n'est qu'à moitié justice.

Le seul qui se soit montré injuste envers moi est celui avec le frère duquel je me suis montré injuste.

Quand vous voyez un homme conduit en prison, dites-vous en votre for intérieur : « Peut-être s'est-il échappé d'une prison plus étroite. »

Et quand vous voyez un homme ivre, dites-vous en votre for intérieur : « Peut-être cherche-t-il à échapper à quelque chose d'encore plus laid. »

Souventesfois j'ai haï pour me défendre ; mais si j'avais été plus fort, je n'aurais pas usé d'une telle arme.

Qu'il est sot celui qui voudrait masquer la haine dans ses yeux par le sourire sur ses lèvres.

Seuls ceux en dessous de moi peuvent m'envier ou me haïr.

Je n'ai jamais été envié ou haï ; je ne suis au-dessus de personne.

Seuls ceux au-dessus de moi peuvent me louer ou me rabaisser.

Je n'ai jamais été loué ni rabaissé ; je ne suis en dessous de personne.

Quand vous me dites : « Je ne te comprends pas », c'est un éloge dont je suis indigne, et une insulte que vous ne méritez pas.

Que je suis mesquin quand la vie me donne de l'or et que je ne te donne que de l'argent, tout en m'estimant généreux.

Quand vous atteindrez le cœur de la vie, vous ne vous trouverez ni au-dessus félon, ni en dessous du prophète.

Il est étrange que vous ayez pitié de celui qui marche lentement et non de celui dont l'esprit est lent,

Et de l'aveugle plutôt que de celui dont le cœur est atteint de cécité.

Il vaut mieux pour l'infirme qu'il ne brise pas ses béquilles sur la tête de son ennemi.

Qu'il est aveugle celui qui vous donne quelque chose sorti de sa poche pour pouvoir vous prendre quelque chose qui vienne de votre cœur.

La vie est une procession. Celui qui marche lentement la trouve trop rapide et en sort ;

Et celui qui marche vite la trouve trop lente et en sort aussi.

Si le péché devait exister, d'aucuns parmi nous en commettent en marchant à reculons dans les pas de nos ancêtres ;

Et d'autres en allant de l'avant, en laissant des traces pour nos enfants.

Est vraiment bon celui qui ne fait qu'un avec tous ceux qui sont réprouvés.

Nous sommes tous des prisonniers, mais certains d'entre nous sont dans des cellules avec fenêtres et d'autres dans des cellules qui en sont dépourvues.

Il est étrange que nous défendions nos erreurs plus vigoureusement que nos valeurs.

Si nous devions nous confesser nos péchés mutuellement, nous ririons les uns des autres de notre manque d'originalité.

Si nous devions nous révéler nos vertus, nous ririons pour la même raison.

On est au-dessus des lois des hommes jusqu'à ce qu'on commette un crime contre les conventions humaines ; après quoi on n'est ni au-dessus ni en dessous de quiconque.

Le gouvernement est un accord entre vous et moi. Vous et moi avons souvent tort.

Le crime est soit un autre nom du besoin, soit un symptôme de la maladie.

Est-il défaut plus grand que d'être conscient du défaut d'autrui ?

Si autrui rit de vous, vous pouvez avoir pitié de lui ; mais si vous riez de lui, vous ne pourrez jamais vous le pardonner.

Si autrui vous blesse, vous pouvez oublier la blessure ; mais si vous le blessez, vous vous en rappellerez toujours.

En vérité autrui, est votre propre moi le plus sensible, auquel on a donné un autre corps.

Que vous êtes inconséquent quand vous voulez que les hommes volent avec vos ailes et que vous ne pouvez même pas leur offrir une plume.

Une fois un homme s'assit à ma table, mangea mon pain, but mon vin et repartit en riant de moi.

Et quand il revint chercher du pain et du vin, je l'ai éconduit ;
Et les anges rirent de moi.

La haine est une chose morte. Qui d'entre vous voudrait être une tombe ?

C'est l'honneur de la victime que de ne pas être l'assassin.

La tribune de l'humanité est dans son cœur silencieux, jamais dans son esprit disert.

Ils me considèrent comme fou parce que je n'échange pas mes jours contre de l'or ;
Et je les considère comme fous parce qu'ils pensent que mes jours ont un prix.

Vous déployez devant nous monts d'or et d'argent, d'ivoire et d'ébène, et nous déployons devant vous nos cœurs et nos esprits ;

Et ils prétendent pourtant être les hôtes et nous les invités.

Je préfère être le dernier des hommes avec des rêves et le désir de les réaliser, plutôt que le plus éminent sans rêve ni désir.

Le plus pitoyable des hommes est celui qui transforme ses rêves en argent et en or.

Nous montons tous vers le sommet du désir de nos cœurs. Si l'autre grimpeur vole votre sac et votre bourse, il n'en sera que plus chargé, et vous devrez avoir pitié de lui ;

L'ascension lui sera plus ardue, et le fardeau rendra sa route plus longue.

Et si, tandis que vous êtes ainsi allégé, vous le voyez, aidez-le à grimper ; cela augmentera votre agilité.

Vous ne pouvez juger un homme au-delà de ce que vous connaissez de lui, et que votre connaissance est infime.

J'aimerais écouter un conquérant prêcher au conquis.

Le véritable homme libre est celui qui porte patiemment le fardeau et l'entrave de l'esclave.

Il y a mille ans mon voisin me dit : « Je hais la vie, car elle n'est que douleur. »

Et hier je passai près d'un cimetière et vis la vie danser sur sa tombe.

Toute lutte dans la nature n'est que désordre aspirant à l'ordre.

La solitude est un orage silencieux qui brise toutes les branches mortes, mais qui plante cependant nos racines vivantes plus profondément dans le cœur vivant de la terre vivante.

Une fois je parlai de la mer à un ruisseau, et le ruisseau pensa que j'étais un fabulateur imaginatif ;

Et une fois je parlai d'un ruisseau à la mer, et la mer pensa que j'étais un diffamateur dépréciateur.

Qu'elle est étroite la vision qui exalte l'affairement de la fourmi plutôt que le chant de la sauterelle.

La vertu la plus élevée ici peut être la plus infime dans l'autre monde.

Celui qui sonde la profondeur ou la hauteur y parvient en ligne droite ; seul le spacieux peut évoluer en cercle.

N'était notre conception des poids et des mesures, nous éprouverions devant la luciole la même crainte mêlée de respect que pour le soleil.

Un scientifique sans imagination est un boucher au couteau émoussé, dont les balances sont périmées.

Mais que voulez-vous, nous ne sommes pas tous végétariens.

Quand vous chantez, l'affamé vous entend avec son estomac.

La mort n'est pas plus proche du vieillard que du nouveau-né ; pas plus que la vie.

Si vous devez être franc, soyez-le avec grâce, sinon restez silencieux, car il est un homme près de vous qui se meurt.

Peut-être qu'un enterrement chez les hommes est un repas de noces chez les anges.

Une réalité oubliée peut mourir et léguer dans son testament sept mille faits et vérités à dépenser pour ses funérailles et l'érection de sa tombe.

En vérité nous ne nous parlons qu'à nous-mêmes, mais parfois nous parlons assez fort pour que d'autres puissent nous entendre.

L'évident est ce qui nous échappe tant que quelqu'un ne l'exprime pas tout simplement.

Si la Voix lactée n'était pas en moi, comment aurais-je pu la voir ou la connaître ?

À moins d'être un physicien parmi d'autres, on ne croirait pas que je suis un astronome.

Peut-être que la définition de la mer pour le coquillage est la perle.

Peut-être que la définition du temps pour le charbon est le diamant.

La renommée est l'ombre de la passion dressée dans la lumière.

Une racine est une fleur qui méprise la renommée.

Il n'est religion ni science supérieures à la beauté.

Chaque grand homme que j'ai connu se fardait d'un peu de modestie ; et c'était ce petit quelque chose qui empêchait l'inactivité, la folie ou le suicide.

Le véritable grand homme est celui qui ne domine personne, et qui n'est dominé par personne.

Je ne puis croire que l'homme est médiocre simplement parce qu'il tue les criminels et les prophètes.

La tolérance est l'amour malade de sa morgue.

Les larves se métamorphoseront ; mais n'est-il pas étrange que les éléphants finissent par céder ?

Un désaccord peut être la plus courte blessure entre deux esprits.

Je suis la flamme et je suis le buisson sec, et une partie de moi consume l'autre.

Nous cherchons tous le sommet de la montagne sainte ; mais notre route ne serait-elle pas plus courte si nous considérions le passé comme une carte et non comme un guide ?

La sagesse cesse d'être sagesse quand elle devient trop fière pour pleurer, trop grave pour rire, et trop imbue de soi pour rechercher autre chose que soi.

Si je m'étais empli de tout ce que vous savez, quelle place aurais-je pour tout ce que vous ignorez ?

J'ai appris le silence du bavard, la tolérance du sectaire, et la bonté du méchant ; pourtant, aussi étrange qu'il y paraisse, je n'ai aucune reconnaissance pour ces professeurs.

Un bigot est un orateur sourd comme la pierre.

Le silence de l'envieux est trop bruyant.

Quand vous atteindrez à la fin de ce que vous devez savoir, vous serez au commencement de ce que vous devez ressentir.

Une exagération est une vérité qui a perdu sa mesure.

Si vous ne pouvez voir que ce que la lumière révèle et entendre que ce que le son annonce,
Alors en vérité vous ne voyez ni n'entendez.

Un fait est une vérité asexuée.

Vous ne pouvez rire et être méchant en même temps.

Les plus près de mon cœur sont un roi sans royaume et un pauvre qui ne sait comment mendier.

Un timide échec est plus noble qu'un immodeste succès.

Creusez n'importe où dans la terre et vous trouverez un trésor, à condition de creuser avec la foi du paysan.

Un renard traqué par vingt cavaliers et une meute de vingt chiens dit : « Bien sûr ils me tueront. Mais qu'ils sont misérables et stupides. Il serait assurément inutile que vingt renards chevauchant vingt mulets et accompagnés de vingt loups chassent et tuent un seul homme. »

C'est l'esprit en nous qui cède à nos lois, mais jamais l'âme.

Je suis un voyageur et navigateur, et chaque jour je découvre une nouvelle région à l'intérieur de mon âme.

Une femme protesta en ces termes : « Bien sûr que cette guerre fut juste. Mon fils y est tombé. »

Je dis à la Vie : « J'aimerais entendre parler la Mort. »
Et la Vie éleva la voix d'un ton et répondit : « Tu l'entends déjà. »

Quand vous avez résolu tous les mystères de la vie vous aspirez à la mort, car elle n'est qu'un autre mystère de la vie.

La naissance et la mort sont les plus nobles expressions du courage.

Mon ami, toi et moi demeurerons des étrangers à la vie,
L'un à l'autre, et chacun envers soi-même,
Jusqu'au jour où tu parleras et que j'écouterai
En considérant ta voix comme la mienne ;
Et que je me tiendrai devant toi
Pensant me trouver devant un miroir.

Ils me disent : « Si tu te connaissais, tu connaîtrais tous les hommes. »

Et je réponds : « Ce n'est que quand j'aurai connu l'humanité entière que je me connaîtrai. »

Il est deux êtres en chaque homme ; l'un est éveillé dans l'obscurité, l'autre est endormi dans la lumière.

Un ermite est quelqu'un qui renonce au monde des fragments, afin de pouvoir apprécier le monde en son entier et sans interruption.

Un pré verdoyant se trouve entre l'érudit et le poète ; si l'érudit le traverse il devient un sage ; si le poète le traverse, il devient un prophète.

Hier soir je vis des philosophes sur la place du marché porter leurs têtes dans des paniers, et crier : « Sagesse ! Sagesse à vendre ! »

Pauvres philosophes ! Ils doivent absolument vendre leurs têtes pour nourrir leurs cœurs.

Un philosophe dit à un balayeur des rues : « Comme je te plains ! Ta tâche est difficile et sale. »

Et le balayeur des rues de répondre : « Merci, monsieur. Mais dites-moi quel est votre métier ? »

Le philosophe répondit en ces termes : « J'étudie l'esprit de l'homme, ses actions et ses désirs. »

Alors le balayeur des rues reprit son travail et dit en souriant : « Je vous plains aussi. »

Celui qui écoute la vérité ne vaut pas moins que celui qui la formule.

Nul homme ne peut tracer la frontière entre la nécessité et la luxure. Seuls les anges en sont capables, car ils sont sages et mélancoliques.

Sans doute les anges sont-ils nos meilleures pensées dans l'absolu.

Le véritable prince est celui qui trouve son trône dans le cœur du derviche.

La générosité c'est donner davantage qu'on ne le peut, et la fierté prendre moins que ce dont on a besoin.

En vérité, vous ne devez rien à quiconque. Vous devez tout à tous.

Tous ceux qui ont vécu dans le passé vivent à présent avec nous. Aucun d'entre nous n'aimerait être un hôte inhospitalier.

Celui qui désire le plus vit le plus longtemps.

On me dit : « Un oiseau sur la main en vaut dix dans l'arbre. »

Mais je leur réponds : « Un oiseau et une plume dans l'arbre valent davantage que dix oiseaux sur la main. »

Cette plume que l'on recherche est la vie aux pieds ailés ; non, c'est la vie elle-même.

Il n'y a que deux éléments ici-bas, la beauté et la vérité ; la beauté dans le cœur des amoureux, et la vérité dans les bras de ceux qui labourent la terre.

Une grande beauté s'empare de moi, mais une beauté plus grande encore m'en libère.

La beauté brille avec davantage d'éclat dans le cœur de celui qui y aspire que dans les yeux de celui qui la voit.

J'admire l'homme qui me révèle son âme ; j'honore celui qui me dévoile ses rêves. Mais pourquoi me montré-je timide, et même un peu honteux, devant celui qui me sert ?

Ceux qui avaient un talent étaient autrefois fiers de servir les princes.

À présent, ils réclament l'honneur de servir les indigents.

Les anges savent que bien des hommes pragmatiques mangent leur pain à la sueur du rêveur.

L'esprit est souvent un masque. Si vous pouviez le déchirer, vous trouveriez soit un génie irrité, soit une intelligence illusionniste.

Le bienveillant m'attribue la compréhension, et l'ennuyeux, le manque d'intérêt. Je pense qu'ils ont tous deux raison.

Seuls ceux qui portent des secrets dans leurs cœurs peuvent deviner ceux qui sont enfouis dans les nôtres.

Celui qui voudrait partager vos plaisirs mais pas vos peines perdra la clef d'une des sept portes du Paradis.

Oui, il est un Nirvana ; il est dans le fait de mener votre troupeau dans un pré verdoyant, de mettre votre enfant au lit, et d'écrire le dernier vers de votre poème.

Nous choisissons nos joies et nos chagrins longtemps avant de les éprouver.

La tristesse n'est qu'un mur entre deux jardins.

Quand votre joie ou votre chagrin grandit, le monde rapetisse.

Le désir est la moitié de la vie ; l'indifférence est la moitié de la mort.

Ce qui est le plus amer dans notre chagrin présent, c'est le souvenir de notre joie passée.

Ils me disent : « Tu dois absolument choisir entre les plaisirs de ce monde et la paix du monde à venir. »

Et je leur réponds : « J'ai choisi à la fois les délices de ce monde et la paix du prochain. Car je sais en mon cœur que le Poète suprême n'écrivit qu'un poème, parfaitement scandé et tout aussi parfaitement rimé. »

La foi est une oasis dans le cœur que n'atteindra jamais la caravane de la pensée.

Quand vous vous serez dépassé, vous désirerez avec davantage d'ardeur ; vous aurez faim d'une faim plus dévorante ; et vous aurez soif d'une soif plus grande.

Si vous révélez vos secrets au vent, ne lui reprochez pas de les révéler aux arbres.

Les fleurs du printemps sont les rêves de l'hiver racontés, au petit matin, à la table des anges.

Un sconse dit à une rose : « Vois comme je cours vite, tandis que tu ne peux ni marcher ni même ramper. »

La rose lui répondit : « Oh, coureur rapide et noble, s'il te plaît va-t'en vite ! »

Les tortues peuvent en dire davantage sur les routes que les lièvres.

Il est étrange que les créatures sans échine aient les carapaces les plus dures.

Le plus bavard est le moins intelligent, et il n'y a guère de différence entre un orateur et un auditeur.

Soyez reconnaissant de ne pas avoir à subir le renom d'un père, ni la richesse d'un oncle.

Mais par-dessus tout, soyez reconnaissant de ce que personne n'aura à subir votre renom ni votre richesse.

Ce n'est que quand un jongleur ne rattrape pas sa balle qu'il fait appel à moi.

L'envieux me loue inconsciemment.

Pendant longtemps vous avez été un rêve dans le sommeil de votre mère, et puis elle s'est éveillée pour vous donner naissance.

Le germe de la race est dans le désir d'une mère.

Mon père et ma mère désiraient un enfant et ils m'engendrèrent.

Et je voulus une mère et un père, et j'ai enfanté la nuit et la mer.

Certains de nos enfants sont nos justifications et d'autres ne sont que nos regrets.

Quand la nuit tombe et que vous êtes aussi sombre, couchez-vous et demeurez sombre.

Et lorsque le jour se lève et que vous êtes encore sombre, levez-vous et annoncez résolument au jour : « Je suis encore sombre. »

Il est stupide de feindre avec la nuit et le jour.

Ils riraient tous deux de vous.

La montagne voilée par la brume n'est pas une colline ; un chêne sous la pluie n'est pas un saule pleureur.

Voyez ce paradoxe : la profondeur et la hauteur sont plus près l'un de l'autre que le milieu de chacun des deux.

Quand je me tenais tel un miroir limpide devant toi, tu regardais en moi et voyais ton image.
Tu disais alors : « Je t'aime. »
Mais en vérité c'est toi que tu aimais en moi.

Quand vous éprouvez du plaisir à aimer votre voisin, cela cesse d'être une vertu.

L'amour qui n'exulte pas sans cesse meurt peu à peu.

Vous ne pouvez posséder jeunesse et sagesse en même temps ;

Car la jeunesse est trop occupée à vivre pour savoir, et le savoir trop occupé à se rechercher pour vivre.

Assis à votre fenêtre, vous regardez les passants. Et vous voyez une religieuse marcher à votre droite, et une prostituée à votre gauche.

Et vous pouvez dire dans votre innocence : « Que l'une est noble et que l'autre est ignoble. »

Mais si vous fermez les yeux et tendez l'oreille un moment, vous entendrez une voix murmurer dans l'éther : « L'une me recherche dans la prière, et l'autre dans la souffrance. Et dans l'esprit de chacune se trouve une charmille pour mon esprit. »

Tous les cent ans, Jésus de Nazareth rencontre Jésus le Chrétien dans un jardin sur les collines du Liban. Et ils parlent longtemps ; et chaque fois Jésus de Nazareth part en disant à Jésus le Chrétien : « Mon ami, j'ai bien peur que nous ne puissions jamais, jamais être d'accord. »

Puisse Dieu enrichir l'opulent !

Un grand homme a deux cœurs ; l'un saigne et l'autre endure.

Si quelqu'un devait commettre un mensonge qui ne blesse personne pas même vous, pourquoi ne pas dire en votre cœur que la maison de ses vérités est trop petite pour ses caprices, et qu'il a dû la quitter pour plus d'espace ?

Derrière chaque porte close, il est un mystère scellé par sept sceaux.

L'attente est l'entrave du temps.

Et si les tourments n'étaient qu'une nouvelle porte dans le mur de votre maison qui donne sur l'est ?

Vous pouvez oublier celui avec lequel vous avez ri, mais jamais celui avec lequel vous avez pleuré.

Il doit y avoir quelque chose d'étrangement sacré dans le sel. Puisqu'il est dans nos larmes et dans la mer.

Notre Dieu pour étancher Sa soif bénie nous boira tous, la goutte de rosée comme la larme.

Vous êtes un fragment de votre moi suprême, une bouche qui cherche le pain, et une main aveugle qui tend une coupe à une bouche assoiffée.

Si vous ne vous éleviez que d'un pouce au-dessus des peuples, des nations et de votre propre être, vous deviendrez vraiment semblable à dieu.

À votre place, je ne maudirais pas la mer à marée basse.

C'est un bon navire et notre Capitaine est compétent ; ce n'est que votre estomac qui a des haut-le-cœur.

Ce à quoi nous aspirons et que nous ne pouvons atteindre nous est plus cher que ce que nous avons déjà atteint.

Si vous vous asseyiez sur un nuage, vous ne verriez pas la frontière entre un pays et un autre, ni les bornes entre une ferme et une autre.

Il est bien regrettable que vous ne puissiez vous asseoir sur un nuage.

Il y a sept siècles, sept blanches colombes s'envolèrent d'une vallée profonde vers le sommet enneigé de la montagne. Un des sept hommes qui observait leur vol dit : « Je vois une tache noire sur l'aile de la septième colombe. »

Aujourd'hui les gens dans la vallée parlent des sept colombes noires qui volèrent vers le sommet de la montagne enneigée.

À l'automne, je rassemblai tous mes chagrins et les enterrai dans mon jardin.

Quand avril revint et que le printemps vint célébrer ses noces avec la terre, poussèrent dans mon jardin de belles fleurs différentes des autres.

Mes voisins vinrent les admirer, et ils me dirent tous : « Quand l'automne reviendra, au moment de la semaison, nous donneras-tu des graines de ces fleurs afin que nous puissions les planter dans nos jardins ? »

Qu'il est triste pour moi de tendre une main vide aux hommes et de ne rien recevoir ; mais qu'il est désespérant de tendre une main pleine et de ne trouver personne pour recevoir.

J'aspire à l'éternité parce que j'y rencontrerai les poèmes que je n'ai pas écrits et les tableaux que je n'ai pas peints.

L'art est un pas de la nature vers l'Infini.

Une œuvre d'art sculpte la brume.

Même les mains qui tressent des couronnes d'épines valent davantage que les mains désœuvrées.

Nos larmes les plus sacrées ne recherchent jamais nos yeux.

Tout homme est le descendant de tout roi et de tout esclave qui aient jamais vécu.

Si l'arrière-grand-père de Jésus avait connu ce qui était caché en lui, n'aurait-il pas éprouvé une crainte mêlée de respect pour lui-même ?

L'amour de la mère de Judas pour son fils était-il moindre que celui de Marie pour Jésus ?

Il est trois miracles de notre Frère Jésus pas encore été consignés dans la Bible : le premier est qu'Il était un homme comme vous et moi ; le second est qu'Il avait le sens de l'humour ; et le troisième qu'Il se savait conquérant bien que conquis.

Ô Crucifié, tu es crucifié sur mon cœur ; et les clous qui percent tes mains percent les parois de mon cœur.

Et demain quand un étranger passera devant le Golgotha, il ne saura pas que tous deux avons saigné ici.

Il pensera que c'est le sang d'un seul homme.

Vous pouvez avoir entendu parler de la Montagne sainte.

C'est la montagne la plus élevée de notre monde.

Si vous atteignez son sommet, vous n'aurez qu'un seul désir, descendre et être avec ceux qui habitent dans la vallée la plus encaissée.

C'est la raison pour laquelle on l'appelle Montagne sainte.

Fragments d'une vérité

« L'intelligence est une belle maladie.
Elle est la perle de l'huître. »
Remy de Gourmont

Contrairement à tous ses livres, *Le Sable et l'Écume* ne s'est pas imposé à Khalil Gibran comme une évidence ou une injonction. Sa gestation est presque accidentelle. Et longtemps, il a considéré ce projet comme un copeau de son œuvre. Pourtant, ces 322 aphorismes constituent presque l'ouvrage le plus *intime* de Gibran, celui où le recours à l'allégorie ou la parabole s'ancre avant tout dans une conviction profonde, ressentie et vécue. Ils tracent le parcours intellectuel de leur auteur, la constance courageuse d'un homme *juste* et l'authenticité absolue de l'artiste, qui n'est pas sans rappeler Rainer Maria Rilke, chez lequel on retrouve cette même abnégation. Mais avant tout, ces maximes étaient destinées à l'éternelle aimée, Mary Haskell, qui refusa la proposition de mariage que lui fit Gibran, et restera sa plus proche amie – et là encore, comment ne pas penser à Rainer Maria Rilke et Lou Andréas-Salomé ?

Partant, il ne faut pas s'étonner de ce que derrière la qualité d'exigence de la « morale » qu'elles proposent, on perçoive la rémanence d'un chagrin amoureux, que tente de transcender la forme d'ascèse spirituelle à laquelle elles invitent. Ces pensées, nourries d'un certain « douloir », Gibran les colligeait sans songer à les agréger. Dans son journal à la date du 17 avril 1920, Mary Haskell note ce que Gibran lui répondit, quand elle lui suggère de les rassembler en un livre :

« Tu sais, Mary, où que je sois, je porte sur moi de quoi écrire et de tout ce que j'ai écrit je n'ai rien jeté. Ainsi, j'ai une pile de petits mots, je les conserve soigneusement pour toi. »[1]

Gibran ne prend d'abord pas au sérieux cette proposition. L'esprit toujours en éveil, il griffonne sur des « bouts de programme de théâtre, des morceaux du fond d'un paquet de cigarettes, des enveloppes déchirées »[2] ou dans son carnet, quelles que soient les circonstances, avec l'idée qu'il tient là une pensée ou une image qu'il pourra développer dans l'un ou l'autre de ses ouvrages « paraboliques ». Cependant, l'idée fait son chemin, et Gibran, grand admirateur de William Blake et de Friedrich Nietzsche, finit par y céder. Quand bien même il affirmait :

« Il y a là trop de sable et d'écume. »[3]

Le titre était trouvé. Car pour Gibran, ces maximes qu'il notait en arabe sur des bouts de papier ou en anglais dans son carnet, ne lui apparaissaient que comme les « miettes du festin de l'esprit » quand

Almustafa, le Prophète, lui dictait ses paroles. Dans la préface à l'édition arabe, Gibran précisera :

« Ce petit livre n'est qu'une poignée de sable et une autre d'écume.

Bien que dans ces grains de sable j'aie semé les grains de mon cœur et que sur son écume j'aie versé la quintessence de mon âme, ce recueil est, et restera à jamais, plus près des rivages que de la mer, du désir limité que du désir accompli dont l'ardeur ne peut être limitée par les mots.

Dans le cœur de tout homme et de toute femme, il est un peu de sable et un peu d'écume. Mais certains d'entre nous livrent ce qui demeure caché dans le plumage de leurs cœurs, d'autres en éprouvent de la honte. Quant à moi, je n'en rougis point. »

Propos qui font songer à cette « chanson de la vague » que Gibran avait écrite quelque temps auparavant :

« Le rivage puissant est mon bien-aimé
Et je suis son amante.
Nous sommes enfin réunis par l'amour,
Mais la lune me sépare de lui.
Je vais à lui en hâte et repars
À contrecœur, en une multitude
De petits adieux.

Je quitte rapidement
L'horizon bleu pour répandre l'argent
De mon écume sur l'or de son sable,

Et nous nous mélangeons dans la brillance en fusion.

J'apaise sa soif et submerge son
Cœur ; il adoucit ma voix et soumet
Mon tempérament.
À l'aube je récite les règles de l'amour sur
Ses oreilles, et il m'embrasse avec ardeur.

Le soir je lui chante la chanson de
L'espoir, puis je dépose de doux baisers sur
Son visage ; je suis prompte et craintive, mais il
Est calme, patient et rêveur. Sa
Large poitrine apaise mon agitation.
Quand la marée arrive nous nous caressons,
Quand elle se retire, je me laisse tomber à ses pieds dans
La prière. »

Le *sable* et l'*écume* reçoivent une part du large, tout comme l'homme recèle en lui, s'il le souhaite, l'*infini.* Gibran souhaite que ce recueil d'aphorismes ne soit pas lu comme les commandements d'une vérité, mais comme des fragments d'une pensée dont la diversité et la richesse se sont exprimées dans ses ouvrages davantage « construits ». La casuistique qu'ils composent invite à se connaître soi, à atteindre à son « moi-suprême », mais avant tout elle exalte l'humilité et incite à l'amour d'autrui qui est « votre propre moi le plus sensible, auquel on a donné un autre corps ».

Pendant six ans, Gibran va puiser dans ses carnets et bouts de papier, qui constituent le vivier de son œuvre, tamiser et retraduire les maximes qu'il avait écrites en arabe. Le livre se forme comme par sédimentation, sans ordre précis, sans ordonnancement non plus. Il devait s'intituler tout d'abord *Le Chemin des Sept Jours*, autrement dit la genèse de son *moi*, qui mène de son « moi-pygmée » à son « moi-suprême ».

Les thèmes abordés sont les thèmes centraux récurrents de toute son œuvre, auxquels une formulation ou une métaphore différente apporte un nouvel éclairage. Et c'est d'abord une variation sur la place de l'homme dans l'univers, dans sa relation aux forces telluriques, cosmogoniques, mais aussi mythologiques, et une réflexion sur la relation du mortel à l'éternel :

« Je marche éternellement sur ces rivages, entre le sable et l'écume.

Le flux de la marée effacera l'empreinte de mes pas, et le vent emportera l'écume.

Mais la mer et le rivage demeureront éternellement. »

L'important n'est pas de laisser une trace, mais d'*être* et de transmettre un message qui puisse aider autrui à vivre, ce message étant subordonné lui-même à la capacité d'aimer cet autre moi. Paradoxalement, s'il exalte la solitude, c'est pour chanter la liberté.

Le Sable et l'Écume occupe une place particulière dans l'œuvre de Gibran. Le livre, paru au début de 1926, prend place après *Le Fou* (1918), *Le Précurseur*

(1920) et *Le Prophète* (1923), mais avant *Jésus, fils de l'Homme* (1928) et *L'Errant* (1932). Il n'est donc pas étonnant d'y retrouver la nuance d'ironie du *Fou*, le regard pessimiste du *Précurseur*, la « révolte de la sagesse »[4] d'Almustafa et la sérénité désarmée de *L'Errant*. Réalisant un syncrétisme de tous ses livres, *Le Sable et l'Écume* compose un autoportrait de Gibran qui s'offre à nous comme un miroir possible.

Ce n'est pas un « autre » – quand bien même il est l'un de ses avatars – qui parle ici, mais Gibran lui-même qui s'est livré entièrement dans cet ouvrage né d'une blessure intime, dont la plainte apparaît en filigrane :

« Une perle est un temple bâti par la douleur autour d'un grain de sable.

Quelle nostalgie bâtit nos corps et autour de quels grains ? »

Et si l'édition américaine ne comporte pas de dédicace – mais elle est ornée de sept reproductions de dessins de Gibran ainsi que de petites frises entre chaque aphorisme – , l'édition arabe, qui paraîtra en décembre 1926 dans la traduction de l'archimandrite Antonios Bachir (qui venait de traduire *Le Prophète*), est dédiée à Mary Haskell, qui le 7 mai avait épousé Jacob Minis, et était à l'origine du projet :

« À celle qui contemple le soleil
Avec un regard d'aigle,
Celle qui empoigne le feu
De ses doigts décidés,
Celle qui, au-delà des cris

Et du vacarme des aveugles,
Sait écouter la mélodie de l'âme
En la plénitude de l'Universel.
À M.E.H.,
J'élève ce livre. »

Le livre revient naturellement à celle à qui il fut tout d'abord destiné, avant même d'être pensé comme livre. Et ces aphorismes, davantage encore que le reste de son œuvre, dressent, selon le mot de La Rochefoucauld, « un portrait du cœur de [l'] homme » que fut Khalil Gibran.

THIERRY GILLYBŒUF

Notes

1. *Beloved Prophet : The Love Letters of Kahlil Gibran and Mary Haskell and Her Private Journal*, recueillis et présentés par Virginia Hilu, Quartel, Londres, 1973 (p. 325).
2. Barbara Young, *This Man from Lebanon : A Study of Kahlil Gibran*, Alfred Knopf, New York, 1956 (pp. 86-87).
3. Barbara Young, *op. cit.* (pp. 283-285).
4. Anne Juni, « La révolte de la sagesse », préface à Khalil Gibran, *Mon Liban* suivi de *Satan*, La Part Commune, Rennes, 2000.

Vie de Khalil Gibran

1883. Le 6 janvier, naissance de Gibran Khalil Gibran à Bcharré, au Liban, alors province ottomane de la grande Syrie, dans une famille maronite.

1895. Départ de la famille, en butte à des difficultés matérielles, pour Boston. Pour une raison inexpliquée, le père n'est pas du voyage. L'enfant découvre la littérature et les arts grâce à un mentor américain, l'artiste Fred Holland Day, qui l'encourage à dessiner. Il entre en contact avec le cercle artistique bostonien.

1898. Retour de Gibran à Beyrouth, où il s'inscrit au collège de la Sagesse. Il y passe quatre ans. Il étudie la Bible en langue arabe.

1902. Nouveau départ pour Boston. Il y retrouve Josephine Peabody. Il laisse sa famille frappée par la maladie : sa sœur Sultanat meurt un mois après son départ ; sa mère a un cancer. Le talent artistique de Gibran s'affirme. Il peint et écrit.

1903. Mort de la mère et du demi-frère de Gibran.

1904. Gibran rencontre une directrice d'école, Mary Haskell, qui le protège. Elle le soutient dans ses travaux d'écriture en langue anglaise. Il engage avec elle une correspondance que seule sa mort interrompra. Par ailleurs, il commence à publier des articles dans les journaux pour les émigrés de langue arabe.

1905. Parution de *La Musique*, le premier livre de Gibran. Il se fait déjà l'avocat des écrivains qui rompent avec la tradition écrite arabe et cherchent à imposer leur style personnel.

1906. Parution des *Nymphes des vallées.* Sa relation avec Josephine est rompue. Il se rapproche de Mary Haskell, de dix ans son aînée.

1908. Publication des *Esprits rebelles.* L'Église maronite juge l'ouvrage hérétique, et le pouvoir ottoman décide de le brûler en place publique. Gibran part pour Paris où il étudiera les beaux-arts.

1910. Retour à Boston, puis installation définitive à New York.

1912. Début de la correspondance entre Gibran et l'écrivain libanaise May Ziyada, qui vit en Égypte. Gibran s'est installé à New York. Publication des *Ailes brisées.*

1916. Gibran mène une campagne en faveur des victimes, au Liban, de la famine provoquée par la guerre. Sa reconnaissance par le milieu artistique new yorkais est grandissante : on le demande pour des lectures.

1918. Publication du *Fou,* première œuvre en anglais, écrite avec l'aide de Mary. Le projet d'un livre autour de la figure de Al Mustafa, le futur *Prophète,* prend forme.

1919. Publication du *Livre des Processions,* en arabe.

1920. Publication du *Précurseur* et de *Tempêtes.* Gibran fonde avec d'autres écrivains arabes le Cénacle de la plume : ce cercle se donne pour mission de publier les auteurs qui en font partie, de « secouer » la langue et de traduire en arabe les auteurs et les ouvrages qui le méritent. Longtemps après sa dissolution, l'influence du Cénacle reste considérable.

1923. Parution du *Prophète.*

1926. *Le Sable et l'Écume* paraît. Mary épouse un propriétaire terrien du Sud.

1928. Publication de *Jésus, fils de l'homme,* qui sera suivi des *Dieux de la Terre* (1931), de *L'Errant* (1932) et du *Jardin du prophète* (1933). La santé de Gibran se détériore rapidement.

1931. Mort le 10 avril, Khalil Gibran est enterré dans son village natal par son amie Mary.

Repères bibliographiques

Œuvres de Khalil Gibran

- *L'Errant*, Mille et une nuits, 1999.
- *Le Fou*, Mille et une nuits, 1996.
- *Iram aux colonnes*, suivi d'un texte de Jad Hatem, *Études sur la mystique de Gibran*, Cariscript, 1988.
- *Le Jardin du Prophète*, Mille et une nuits, 2000.
- *Jésus, fils de l'homme*, Albin Michel, 1990.
- *Le Livre des Processions*, Mille et une nuits, 2000.
- *Merveilles et Processions*, Albin Michel, 1990.
- *Le Précurseur*, Mille et une nuits, 2000.
- *Le Prophète*, Mille et une nuits, 1994.
- *Les Trésors de la sagesse*, Mortagne, 1986.
- *La Voix ailée. Lettres à May Ziyada*, Sindbad, La Bibliothèque arabe, 1982.
- *La Voix de l'éternelle sagesse*, J'ai lu, collection Aventure secrète, 1997.

Études sur Khalil Gibran

- Dahdah (Jean-Pierre), *Khalil Gibran : une biographie*, Albin Michel, 1994. Sous la direction de : « Khalil Gibran : poète de sagesse », *Question de*, n° 82, 1991.
- Kharrat (Souad), *Gibran le prophète, Nietzsche le visionnaire : du* Prophète *et d'*Ainsi parlait Zarathoustra, Triptyque, 1993.

Mille et une nuits propose des chefs-d'œuvre pour le temps d'une attente, d'un voyage, d'une insomnie…

La Petite Collection (extrait du catalogue). 279. Johann Wolfgang GOETHE, *Élégies romaines.* 280. *Le Livre de Job.* 281. François VILLON, *Le Testament.* 282. SÉNÈQUE, *La Vie heureuse.* 283. ARISTOTE, *Invitation à la philosophie.* 284. Hubert HADDAD, *L'Âme de Buridan.* 285. Edgar POE, *Les Lunettes.* 286. Choderlos de LACLOS, *Des femmes et de leur éducation.* 287. Pierre LOTI, *Suleïma.* 288. Friedrich NIETZSCHE, *Deuxième Considération intempestive.* 289. Khalil GIBRAN, *Le Précurseur.* 290. Michel de MONTAIGNE, *Des Cannibales.* 291. Arthur RIMBAUD, *Album zutique.* 292. Maître ECKHART, *L'amour nous fait devenir ce que nous aimons.* 293. Edmond ABOUT, *Le Nez d'un notaire.* 294. Edith WHARTON, *Xingu.* 295. Jean-Yves CENDREY, *Parties fines.* 296. Peter SLOTERDIJK, *Domestication de l'être.* 297. Khalil GIBRAN, *Le Livre des Processions.* 298. Thomas DE QUINCEY, *Le Mangeur d'opium.* 299. Joris-Karl HUYSMANS, *À vau-l'eau.* 300. Guy DEBORD, *Rapport sur la construction des situations.* 301. Guy de MAUPASSANT, *Boule de suif.* 302. Louis HENNIQUE et Henry CÉARD, *Deux nouvelles naturalistes.* 303. Guy de MAUPASSANT, *La Nuit et autres nouvelles fantastiques.* 304. MARIVAUX, *L'Île des Esclaves.* 305. SOPHOCLE, *Œdipe roi.* 306. PLATON, *Criton, ou Du devoir.* 307. GUILLERAGUES, *Lettres de la religieuse portugaise.* 308. René DESCARTES, *Discours de la méthode.* 309. Alfred JARRY, *Ubu roi.* 310. Gustave FLAUBERT, *Hérodias.* 311. Prosper MÉRIMÉE, *La Vénus d'Ille.* 312. George SAND, *La Marquise.* 313. Pierre ABÉLARD, *Histoire de mes malheurs.* 314. Jean CASSOU, *La mémoire courte.* 315. Khalil GIBRAN, *Le Sable et l'Écume.* 316. Octave MIRBEAU, *Le Mur.* 317. Jules VERNE, *L'Éternel Adam.* 318. Jules RENARD, *Crime de village.* 319. Bram STOKER, *La Coupe de cristal.* 320. Edgar Allan POE, *Le Mystère de Marie Roget.* 321. Fredric BROWN, *Cauchemard nocturne.* 322. Horace McCOY, *Le Nettoyeur.* 323. Robert BLOCH, *Les Hurleurs.* 324. William IRISH, *Silhouette.* 325 COLLECTIF, *Attention au départ !.* 326. Walt WHITMAN, *Le Poète américain.* 327. Emmanuel KANT, *Projet de paix perpétuelle.*

Pour chaque titre, le texte intégral, une postface, la vie de l'auteur et une bibliographie.

49-4647-02/1
N° d'édition : 22451
Achevé d'imprimer en avril 2002,
sur papier Ensoclassique par G. Canale & C. SpA (Turin, Italie).